LE CONGRÈS

EST-CE LA VRAIE PAIX?

PARIS

E. DENTU, LIBRAIRE-ÉDITEUR

LE CONGRÈS

EST-CE LA VRAIE PAIX?

LE CONGRÈS

EST-CE LA VRAIE PAIX?

PAR

M. FÉLIX GERMAIN,

Ubi autem spiritus Domini,
ibi libertas.

(PAUL. ad Cor.)

PRIX : 60 CENTIMES.

PARIS

CHEZ E. DENTU, LIBRAIRE-ÉDITEUR,

GALERIE D'ORLÉANS, N° 13,

1859

LE CONGRÈS

EST-CE LA VRAIE PAIX?

Ubi autem spiritus Domini, ibi libertas.
(PAUL. ad Cor.)

Qu'est-ce que la paix de Villafranca et de Zurich? Aura-t-elle de sérieux résultats, ou n'est-ce qu'un inconséquent *mezzo termine*, qui ne termine rien? Peut-on s'y confier pour les grandes affaires à longues échéances, pour aviver l'esprit d'entreprise, pour arracher une partie du pays à la torpeur industrielle, ou faut-il se prémunir contre de nouvelles éventualités de guerre? N'eût-il pas été préférable de persévérer, de pousser l'ennemi l'épée dans les reins, de s'avancer jusqu'à l'Adriatique, ainsi qu'on se l'était promis?

Voilà les questions qui se croisent de tous côtés depuis la signature des préliminaires de Villafranca. Elles se heurtent et s'entre-choquent dans toutes les conversations, elles se mêlent et s'enchevêtrent comme des fils d'écheveaux qu'un sapajou déviderait sur une bobine, de sorte qu'après avoir jeté ses interrogations aux quatre points cardinaux, sans répondre à personne, chacun rentre chez soi, murmurant contre la soudaineté de la paix sans aimer la guerre, mécontent de la tranquillité rétablie et craignant le trouble dispendieux des combats; toujours prêt à se récrier contre la possibilité d'un embrasement général et à accroître avec candeur les matériaux d'une immense conflagration.

Si c'était seulement d'incorrigibles fauteurs de désordres, des artisans de tumultes, des harangueurs de carrefours qui tinssent ces propos et se permissent ces critiques, il n'y aurait pas plus à s'en émouvoir que l'on ne se préoccupe d'un éclair de chaleur dans une sereine soirée d'Été. On est habitué à ce qu'ils blâment tous les actes des Gouvernements : ils n'approuvent que les fautes, les erreurs, les fausses mesures des autorités régulières et des corps constitués, parce qu'ils y voient pour les principes conservateurs des sociétés humaines, une cause de dépérissement ; pour les lois protectrices de la famille et de l'ordre, la source d'une langueur propice à leurs desseins ; pour les institutions un motif de ruine, et pour eux-mêmes, une chance inespérée de retour au pouvoir. Mais au-dessus de ces hommes aux bruyantes allures, aux appétits spoliateurs, il existe un très grand nombre de personnes honnêtes, sensées, dont le jugement n'est pas dénué de force morale, et qui se sont dans certaine m sure, associées aux récriminations, aux attaques injustes, aux appréciations peu équitables, aux discussions interrogatives et légèrement acrimonieuses des nuances révolutionnaires.

Par une de ces interversions de rôles, de ces volte-faces si habituelles dans l'opinion publique, et qui confondent l'esprit par leur rapidité et leur fréquence mêmes, de bons citoyens qui réclamaient la paix avec une patriotique énergie lorsque l'Autriche n'avait pas encore commis la lourde faute du passage du Tessin, se montrent médiocrement satisfaits de la brusque cessation des hostilités.

La première impression de la paix n'a donc pas été aussi bonne qu'elle l'eût été, sans aucun doute, si on l'eût prévue ou pressentie. Elle a surpris, et dans l'étonnement général, de fort honnêtes gens ont éprouvé je ne sais quelle commotion belliqueuse, une espèce de dépit martial qui a dû faire réfléchir gravement les détracteurs de l'influence française à l'étranger et des nouvelles générations au dedans.

« Nous nous étions, s'écria-t-on, arrangés pour la guerre; nos sacrifices personnels étaient faits; nous étions prêts à supporter les frais de la lutte, devinssent-ils énormes, à répondre aux appels d'hommes et d'argent que l'État nous eût adressés; pourquoi ne pas aller d'un seul saut jusqu'au bout? avec des soldats comme les nôtres, et des ressources aussi abondantes (1) ; avec des réserves métalliques aussi considérables ; avec une agriculture en excellente voie, pourquoi s'arrêter en pleine moisson de lauriers, au milieu de faits d'armes mémorables, et à la tête de troupes vaillantes, intrépides, protégées par la victoire?

On peut voir déjà que je ne cèle aucune des objections sérieusement articulées contre la paix de Villafranca ; je les reproduis avec d'au-

(1) Voici, entre mille, une preuve bien manifeste de l'abondance et de la solidité de nos ressources : pendant le premier semestre de 1859, les droits perçus à l'exportation des marchandises étrangères, se sont élevés à 95 millions, contre 93 en 1858. C'est principalement sur les matières premières, coton brut et laines, que l'augmentation a eu lieu. Nos expéditions de vin sont montées de 701,000 hectolitres en 1858, à 1,590,000 hectolitres en 1859. Les expéditions d'eau-de-vie, qui avaient été de 50,000 hectolitres en 1858, ont été de 168,000 hectolitres en 1859. Soit plus du double pour les vins, plus du triple pour les eaux-de-vie. — L'exportation des soieries qui, de 14,000 quintaux métriques en 1857, était descendue à 10,000 quintaux en 1858, est remontée à 17,000 quintaux en 1859. — Le mouvement des navires a été : à l'entrée, de 1,924,000 tonneaux en 1859,

tant moins d'embarras que je suis sûr de n'en laisser aucune sans réponse : je serai si peu gêné pour les ramener à leur juste valeur, pour les rétorquer, que je prie le lecteur attentif de se prémunir contre les artifices de langage, s'il m'en échappait, d'inadvertance. Ce n'est pas le succès d'une forme littéraire, mais celui de la raison, du patriotisme éclairé, de la logique et du sens commun, que je poursuis.

contre 1,784,000 tonneaux en 1858 ; à la sortie, de 1,695,000 tonneaux en 1859, contre 1,478,000 tonneaux en 1858.

Quant à l'élasticité du crédit public, un fait : le Gouvernement a ouvert un emprunt de 500 millions : du 7 au 15 mai la Nation a offert 2,509 millions et déposé à titre de garantie, 250 millions espèces.

La guerre d'Italie, si écrasante pour l'Autriche aux abois, n'a donc été qu'un jeu pour la France. Nous recueillons aujourd'hui les fruits de la sagesse déployée sous la monarchie constitutionnelle, en trente-trois années de paix féconde, par Louis XVIII, Charles X et Louis-Philippe Ier. Bonne et décisive raison pour que nous aimions la paix sans redouter la guerre, et pour déployer à notre tour la sagesse dont nous profitons à l'heure même.

II.

Il y a au fond des critiques et des appréciations que je veux repousser avec les seules armes du raisonnement, un levain de chauvinisme sur lequel on me permettra d'appeler l'attention, car, si on le laisse fermenter, si l'on en respire les aigres effluves dans une atmosphère déja trop chargée d'électricité, l'esprit public poussera le gouvernement à une guerre de nécessité, qu'il entreprendrait contre son propre gré, et qui dégénérerait en guerre générale, où les hommes seraient couchés sur les champs de bataille comme les épis sous la faux, sans qu'il en résultât nul bien pour l'avancement du progrès universel.

Si cette calamité doit fondre sur le monde; s'il est vrai que les portes de Janus, pendant un tiers de siècle fermées, doivent s'ouvrir à deux battants pour laisser passer les instincts homicides et l'archange des hécatombes hu_maines; si les temps fatidiques des grand carnages et des ruines royales sont près de revenir; si des aristocraties trop puissantes, et désormais inutiles, doivent bientôt succomber, faisons en sorte que la justice du ciel ne puisse l'attribuer qu'à l'aveuglement, aux passions jalouses, aux injurieuses défiances d'un peuple voisin, à l'obstination de l'Autriche, à l'ambition du Piémont; n'importe à qui, ni à quoi, pourvu que ce ne soit pas à nous. Celui qui tirera le premier l'épée, qui prendra l'initiative de cette explosion et mettra le feu à la mèche, assumera devant Dieu et devant l'histoire, une responsabilité terrible.

Je le sais. Pour les esprits sceptiques, qui se complaisent dans les bas horizons, et qui ne comprennent pas les plus belles aspirations de l'âme, les plus intimes mélodies du cœur, cette dispensation d'une justice antérieure et supérieure, n'est qu'une brillante chimère. Mais, pour quiconque remonte des effets aux causes, et ne se tient pas dans le terre-à-terre des événements, il paraît indubitable que l'humanité est régie par des lois préétablies qu'aucun peuple, aucun pouvoir ne transgresse impunément.

Divine équité, jugement de la providence, arrêts du souverain Être, c'est en vain que l'on vous discute. Les témoignages du passé, l'Œuvre des siècles, la grandeur et la moralité de l'histoire ; la diminution de la misère, l'accroissement de la richesse générale, la raréfaction des meurtres individuels et des assassinats en masses profondes ; la diffusion des lumières, le perfectionnement des lois civiles et pénales, l'augmentation de la sécurité générale, l'affaiblissement des superstitions, tout atteste votre puissance suprême !

Vous êtes le recours des faibles, la consolation des opprimés, et les plaintes, les sanglots, les cris étouffés du pauvre, finissent toujours par monter jusqu'à vous, et trouvent en vous, hélas ! souvent après de longues années d'amertume, un appui, un bras vengeur !

Qui donc oserait nier votre intervention bénie, en voyant la France moralement relevée des humiliations et des outrages de 1814 et de 1815 ; l'ambition moscovite réfrénée, l'arrogance du czar Nicolas abaissée après trente ans d'un règne trop altier ; la grande Compagnie des Indes britanniques, punie de ses iniquités et de ses spoliations par une formidable insurrection ; l'Autriche obscurantiste, aristocratique et signataire du Concordat, humiliée en deux mois ; l'Italie, d'abord châtiée de ses ingratitudes envers la France, et de ses vices, comme la femme adultère ; puis, généreusement relevée de son ignominie, sous les fulgurants rayons de nos baïonnettes, appelée à vivre de sa propre vie, si elle peut en vivre, si elle trouve dans son sein les éléments d'une existence indépendante et calme.

Divine équité, jugement de la providence, arrêts du souverain Être, comment ne pas croire, ne pas espérer en vous, après avoir vu de si grandes choses en si peu de temps !

III.

C'est, en effet, une sainte et noble cause que celle des nations opprimées. Quand on est en pleine possession des garanties individuelles, qui élèvent l'homme à ses propres yeux et qui sont les meilleurs fondements de la force intellectuelle des peuples; lorsqu'on jouit, chez soi, de toutes les prérogatives de la pensée et que l'on peut se glorifier de marcher sur un sol d'hommes libres, de coucher sous des toits inaccessibles à l'arbitraire, oui, il est beau de penser à ceux qui sont privés de ces précieuses richesses, de ces bienfaits inestimables.

Leur venir en aide, les secourir, leur offrir un appui, briser leurs chaînes, les affranchir, c'est s'honorer soi-même, et je conçois à merveille que ce rôle ait tenté le Chef d'un puissant Empire. Je comprends qu'un souverain qui a remué bien des idées dans sa vie, et qui symbolise un impérissable souvenir, ait cédé à l'enthousiasme d'une mission, si pleine de vraie grandeur, de sublime désintéressement de la part des Français et, d'une magnanimité plus haute que celle d'Alexandre envers la mère, la femme et les deux filles de Darius, au lendemain de la bataille d'Issus.

Malheureusement, il ne suffit pas qu'une entreprise soit glorieuse, ni que l'on s'y dévoue, pour l'accomplir dans ses plus extrêmes limites, et, je vais le prouver, il y aurait injustice à reprocher de n'être pas allé jusqu'au bout.

Comme les questions de ce genre se rattachent d'une manière fort étroite, au système européen, à l'équilibre général, que les anciennes et l   alliances en subissent le contrec   rnière analyse, des remaniedes évolutions diplomatie   ts d'influences, doivent en
r   p   jouer cette partie s'en rapt à l'opinion de la galerie,
co   e   ous les joueurs, c'est-à-dire,
avec tou   es puissances représentées sur
la c   et qui peuvent à chaque mo
1   ées en travers du tapis
b   f   e paroli, augmenter le
        pr   ortions extraordinaires.

IV.

Ce droit d'ingérence dans la question des nationalités, cette faculté d'immixtion, ces priviléges de compétence pour tous les États indépendants, sont inhérents à la nature des choses, conformes à tous les précédents. Ils dérivent de traditions fort anciennes et sont si parfaitement en rapport avec les vues des rois et les espérances de leurs sujets, qu'il est avéré, maintenant plus qu'à nulle autre époque, que la question des nationalités ne peut pas se scinder. La poser sur un point, c'est, dans un temps donné, la poser partout.

J'admets volontiers qu'il soit loisible d'ouvrir ce redoutable débat d'une façon indirecte, dans des termes incomplets; mais si le lecteur veut bien suivre cet enchaînement d'idées claires et de saines déductions, il invoquera l'autorité de toutes les circulaires écrites depuis sept mois sur les affaires d'Italie; il excipera de l'attitude de tous les cabinets, des ob—

jurgations, des intrigues et des communications mystérieuses de toutes les chancelleries; il alléguera les démarches de proscrits hongrois et polonais, qui voudraient honnêtement mourir en combattant les oppresseurs détestés du sol natal; il se remémorera ses propres vœux; car c'est à lui-même, c'est à ses souvenirs d'hier, à ses regrets de ce matin que j'en appelle, pour qu'il affirme sincèrement, et en pleine connaissance de cause, que l'on ne peut pas, sur ces pentes abruptes, sur ces déclivités, continuer la lutte, persister, aller toujours de l'avant, sans s'exposer à une débâcle.

Il fallait donc s'arrêter.

Et puisqu'il le fallait, où l'Empereur pouvait-il mieux signer la paix qu'à Villafranca, dix-huit jours après Solferino, six semaines après Magenta, deux mois, jour pour jour, après son débarquement à Gênes?

Le problème des nationalités se liant aux idées les plus intimes, aux sentiments les plus respectables de l'humanité, ainsi qu'à l'avenir de la liberté, tout ce qui est despotique ici-bas doit, finalement se croire menacé : donc, se coaliser pour résister. Tout ce qui est opprimé, doit au contraire, lever les yeux vers le ciel : donc, se concerter pour renverser. Coalition et révolution, voilà les deux périls qui nous menaçaient, et que l'Empereur a conjurés en signant la paix.

Cela est si clairement apparu depuis deux mois ; les conséquences que j'assigne ici à la question des nationalités se sont, vers la fin de la campagne d'Italie, manifestées avec tant d'éclat, que j'éprouve une sorte de contrainte à insister sur cette vérité, devenue vulgaire et banale parmi les personnes instruites. Il faut cependant que j'insiste parce que toute la moralité de la paix est là, et que le grand public s'en est laissé imposer à cet égard.

Grâce aux fallacieuses protestations d'étrangers chargés de renseigner leurs gouvernements et de plaider en leur faveur les circonstances atténuantes, on lui a fait accroire que l'hostilité des cours et des populations allemandes n'était qu'apparente, factice, superficielle ; qu'en dépit de menées habiles, l'Autriche et les hobereaux teutons (*Junker-Parthei*) verraient bientôt l'Allemagne se prononcer pour une politique de neutralité et un peu plus tard, se déclarer ouvertement sympathique à l'indépendance de l'Italie.

Pour l'honneur des libéraux d'outre-Rhin, je voudrais que cela fût exact; mais un fait bien positif, indéniable, que j'ai constaté moi-même dans la presse allemande et qui m'a été affirmé par des Français venant de Bade, de Stuttgard, de Munich, de Berlin, de Leipzig, etc., c'est que toutes les nuances de l'opinion se sont élevées avec énergie contre les vues, trop désintéressées, de la France en Italie.

Comment ce touchant accord de nuances dévouées, disent-elles, à la liberté, et de courtisans attachés à toutes les servitudes, s'est-il établi ? Par quelle communion de haine, ou de mauvais souvenirs, l'intelligence et la bassesse se sont-elles rapprochées en ce point ?

Qu'un semblable concert fasse actuellement la honte des libéraux allemands, nul, je crois, ne l'oserait nier. Quoique le peuple italien ne soit pas un peuple digne, ils eussent dû, au moins par leur silence, nous aider à l'affranchir; ils eussent dû nous laisser répandre, dans ce but, autant de sang généreux et dépenser autant de trésors que nous voulions en sacrifier. Je ne sais quelle effémination a pu blesser le sens moral de l'Europe; cela eût justifié leur indifférence, cela n'excuse ni leurs soupçons, ni leurs colères.

La guerre était-elle opportune pour nous? je n'ai plus à l'examiner; mais il me sera facile d'établir qu'au point de vue de la justice naturelle, c'était une entreprise légitime, à laquelle les libéraux allemands ne se sont opposés qu'en violant tous les principes.

Fallait-il passer outre, mettre l'Europe en feu, jeter à tous les vents les traités existants?

Des étrangers, ou des Français qui se font cosmopolites afin de répudier leurs devoirs nationaux, peuvent en gloser fort à l'aise....... je n'ai pas à leur répondre, mais à les récuser et j'insiste auprès de mes concitoyens: fallait-il que la France, seule, toute seule, risquât son avenir, et seule, s'armât contre les peuples allemands coalisés, enrégimentés, en pleine voie de rassemblement, par colonnes serrées, su les bords de la Moselle et du Rhin?

« A quoy dist Gargantua : nullement. Car, selon vraye discipline militaire, iamais ne fault mettre son ennemy en lieu de désespoir, parce que telle nécessité luy multiplie sa force, et accroist le courage, qui ia estoit delect et failly... ouvrez toujours à vos ennemys toutes les portes et chemins, et plus tost leur faictes ung pont d'argent, affin de les renvoyer (1). »

La prudence même, ie dis la plus vulgaire, conseillait la paix; elle a heureusement prévalu sur des suggestions égoïstes ou de perfides exhortations, et l'Empereur a fait acte de pré-

(1) *Gargantua*, l. I, C. XLIV, p. 76. Un autre personnage n'est pas de cet avis au C. XXXIII, p. 60 : « Ie mors, ie rue, ie frappe, i'attrappe, ie tue, ie renie (ie iure). Sus, sus, dit Picrochole, qu'on despesche tout, et qui m'ayme sy me siuye. » Il a payé cher son inadvertance et son intempestive ardeur.

voyance, de modération dans la victoire, en signant des préliminaires qui épargneront à l'Europe les dangers révolutionnaires qu'une septième coalition eût fomentés. Rarement, pacification fut plus opportune, puisque la continuation de la lutte eût suscité l'intervention de la confédération germanique, puis de l'Angleterre liée à la Prusse, et de plusieurs autres États, jaloux ou alarmés de nos succès.

Il m'en coûte de rejeter principalement sur l'Allemagne les torts de la paix de Villafranca, si cette paix peut réellement encourir des reproches. Mais quelque sympathie que l'on éprouve pour le caractère candide et franc de ses habitants, on doit lui laisser la responsabilité, à peu près absolue de la prompte clôture des hostilités. La mobilisation de la Landwehr imposait de tels sacrifices à la Prusse que cette puissance, cédant à de pressantes exigences de trésorerie et aux violentes objurgations des Cours confédérées, eût été obligée de prendre l'offensive, de faire au profit de l'Autriche une diversion sur nos frontières et de tenter chez nous une guerre d'invasion.

Par quelle aberration les libéraux allemands, qui eussent dû nous soutenir en vertu de leurs principes, appelaient-ils de leurs vœux cette manifestation armée, cette insolente provocation? Je n'ai pas à le dire ici.

Il me suffit d'établir que la participation de l'Allemagne à la guerre, sa coopération aux manœuvres de l'Autriche, n'était plus une simple éventualité dans les premiers jours de juillet. C'était un fait imminent qui se fût accompli avec l'investissement de Vérone, avant la fin de ce mois, si les deux souverains ne se fussent inopinément mis d'accord à Villafranca.

V.

La septième coalition était moralement con-stituée : Devions-nous attendre qu'elle tirât le canon ? L'honneur nous fermant alors toute retraite, il eût fallu faire tête à l'ennemi comme le Solitaire harcelé par des meutes furieuses, et courir l'Europe comme nous l'avons courue dans les premières années de ce siècle.

J'en appelle au bon sens public, à l'intelli-gence du premier venu, pourvu qu'il soit Français et que les doctrines du cosmopoli-tisme ne l'aient pas assoté : l'Empereur n'eût-il pas, à son tour, assumé une effroyable res-ponsabilité en nous précipitant, nous, nos enfants, nos femmes et nos biens, dans une pareille tourmente ; en nous y jetant la tête la première, de propos délibéré, spontanément, sans que rien ne l'y contraignît, rien, sinon le désir, l'amour-propre d'achever, au bénéfice de populations peu reconnaissantes, une œuvre glorieusement commencée.

L'Empereur, quoi qu'il lui en coûtât personnellement, ne devait pas hésiter; s'il eût, malheureusement pour nous, cédé aux séductions de la victoire et aux ardeurs irréfléchies de la lutte, il eût compromis de la manière la plus grave, l'avenir, la fortune du pays, en resserrant autour de nous le cercle de fer de 1813.

Reprocher la paix, s'en montrer mécontent, prétendre qu'il eût été préférable d'aller jusqu'au bout, d'investir Vérone et de pousser à l'Adriatique, c'est donc soutenir que l'on a été mal inspiré en ne s'inspirant que des plus chers intérêts de la patrie; c'est donc dire que, au risque de jeter notre pays dans les gémonies de 1815, dût-on affronter une guerre d'invasion, il fallait n'envisager que les intérêts des Italiens, les ambitions du Piémont, et pour les mieux seconder, s'offrir en holocauste à l'Europe conjurée.

De la part d'étrangers quelconques, il y aurait une souveraine impertinence à avancer que la France eût dû accepter de tels périls, au lieu de les repousser comme un mauvais rêve : en matière de dévouement aux idées généreuses, elle peut donner des leçons à tout le monde et il serait par trop dérisoire de lui demander de semblables sacrifices.

Quant à nos nationaux, je les prie seulement d'y réfléchir et de ne pas se payer de paroles sonores : loin de se livrer à des discussions oiseuses, où l'imagination prédomine, qu'ils prennent une plume et du papier : qu'ils mettent à notre Débit les capitaux immenses et le million d'hommes qu'une coalition nous eût coûtés. Qu'ils placent à notre Actif, la reconnaissance des Italiens, et qu'ils calculent si le succès de la guerre, acheté à ce prix, n'eût pas été trop cher.

Mais à ce prix, c'eût été bon marché encore, si l'on fait entrer en compte l'étendue et la multiplicité des dangers que l'agitation révolutionnaire eût déchaînés sous nos pieds. C'est ce qu'il me reste à démontrer.

IV.

On a pu croire un instant qu'il serait possible de localiser la guerre dans la Lombardo-Vénétie et dans les duchés, de laisser intacts les territoires gouvernés par le souverain Pontife et par les Bourbons de Naples.

L'illusion n'a pas été longue : à peine nos corps d'armée prenaient-ils position, que les vœux du cabinet Cavour se réalisaient à Massa Carrara, à Livourne, à Florence, à Modène, à Parme. Dès que notre drapeau fut engagé, ce fut le tour des Romagnes. De la docte et intéressante ville de Bologne, le mouvement franchit les Apennins, et en passant par Pérouse, menaça le Saint-Siège à quelques kilomètres de Rome, je dirais dans Rome, si le général Goyon ne se fût trouvé là.

J'estime trop les savants Bolonais pour ne voir dans cette agitation que l'esprit révolutionnaire et factieux. Au-dessus des appétits de destruction, d'envie et de spoliation, il existe des sentiments de patriotisme dont la grandeur morale enchante les cœurs bien nés. Les Romagnes sont dignes d'un sort meilleur que celui qu'on leur inflige : elles renferment le véritable élément de la liberté, qui fait presque partout défaut en Italie, des classes moyennes.

Mais le mérite des Romagnes n'empêche pas qu'en se dérobant à l'autorité cardinalesque, elles ont posé côte à côte avec la question des nationalités, une autre question grosse de tempêtes : celle du pouvoir temporel.

Des esprits légers, comme il y en a infiniment trop chez nous, s'étaient flattés que le Pape et les cardinaux sentiraient la nécessité de ces changements et s'y soumettraient avec une docilité béate.

Autre illusion qui n'a pas été longue. L'encyclique du 18 juin fit voir que le Piémont absorberait les États Romains tout entiers, ou qu'il n'absorberait rien.

« Nous affronterons tous les périls, dit L.-T. S. P., nous subirons toutes les épreuves, plutôt que de manquer en rien à notre devoir apostolique ou que de souffrir quoi que ce soit contre la sainteté du serment par lequel nous nous sommes lié. » Les évêques français ordonnèrent aussitôt des neuvaines de prières pour « la prospérité du souverain pontife et la cessation des défections dont son autorité a été l'objet. »

La lutte ainsi déclarée, il fallait ou favoriser quand même la politique d'absorption du Piémont, ou prendre fait et cause pour le pouvoir essentiel du Pape. Ce dilemme se serra encore au sac de Pérouse. Les Romagnes se préparèrent à recevoir les troupes pontificales à coups de fusils ; M. de Cavour leur envoya un régiment et M. d'Azeglio pour élargir le mouvement militaire, en le centralisant.

Voyez comme on va vite sur cette pente.

Après le départ du Cardinal-légat, en juin, Victor-Emmanuel avait dit aux commissaires bolonais qui lui offraient la dictature : « Il ne faut pas que l'Europe puisse m'accuser de n'agir que par ambition personnelle, et de substituer l'absorption piémontaise à l'absorption autrichienne ? Le Saint-Père, le chef vénéré des fidèles, est resté à la tête de son peuple, il ne s'est pas, comme les souverains de Parme, de Modène, de Toscane, démis de son autorité temporelle, que nous devons non seulement respecter mais consolider. »

L'effervescence croît si rapidement, que le 11 juillet, M. d'Azeglio, commissaire piémontais à Bologne, déclare dans une proclamation aux habitants des Romagnes qu'il ne vient pas les inviter au repos, mais à la fatigue. « Donnez-vous la main comme des frères et songez qu'en voulant se faire libre, l'Italie tout entière n'a qu'une volonté. Vivent Victor-Emmanuel et l'Indépendance Italienne ! »

Le lendemain 12 juillet, l'Empereur signait la paix et sauvait le pouvoir essentiel de la Papauté. Attaqué par des Athées ou par des malhonnêtes gens, ce pouvoir eût été à l'abri ; mais combattu par les Bolonais, et dans le langage élevé qu'on vient de lire ; défendu par les vainqueurs de Pérouse, qu'en fût-il advenu ?

Il eût été vaincu partout où nos baïonnettes

n'eussent pu lui prêter l'appui éphémère de la force, et son renversement eût suivi de fort près cette humiliation finale.

Est-ce se montrer grand prophète d'assurer que le jour où cet événement s'accomplirait, le catholicisme serait ébranlé jusques dans ses assises ?

Sans la paix, nous avions donc une révolution religieuse à bref délai. Cela autorise à admirer la naïveté de certaines personnes qui eussent voulu la continuation de la guerre sans que l'on renversât le Pouvoir temporel du Pape, et sans que l'on favorisât outre mesure la politique d'absorption du Piémont.

Voilà pour la société religieuse. Prouvons qu'au point de vue de la société politique, la prépotence de l'esprit révolutionnaire devait logiquement résulter de la prolongation de la guerre.

VII.

« Levez-vous, Magyars ! sacrifiez vos mois-
sons, laissez-les fouler jusqu'au dernier épi
par vos amis et vos ennemis ; je vous jure par
le Dieu des Magyars, que je fumerai votre sol
pour mille ans, tout en reconquérant la liberté
hongroise. »

« Dans la main du Magyar, au refrain de
Rakoczy, chaque faux, chaque fusil est une
batterie. Ralliez-vous sous mon commandement, pour venger tous les Magyars assassinés
par les Hapsbourg et surtout le grand Louis
Bathiany, et pour reconquérir la vieille liberté
hongroise. »

Ceux qui ont écrit et signé ces véhéments
appels, ne sont certainement pas des hommes
vulgaires connus seulement par leurs aptitudes
de conspirateurs ou de soldats. Ce sont les re-
présentants d'un peuple qui a gardé son auto-
nomie du neuvième au seizième siècle, et qui
a atteint sous le roi Charobert, comte d'Anjou,

un haut degré de splendeur. *Moriamur pro rege nostro Maria Theresia!* tel fut le cri qui accueillit une Impératrice fugitive avec son fils, et les épées ne rentrèrent au fourreau qu'après la victoire. Une nation capable de tels traits, qui a, d'ailleurs, gardé son courage, sa virilité et qui ne souille jamais son nom dans de noires ingratitudes, dans d'odieux abus de l'hospitalité, est bien digne de revivre.

A quoi bon le nier, cependant? Toute recommandable qu'elle soit, la cause de la Hongrie est inséparable de la question des nationalités, dont la solution ne sera possible qu'à l'aide de vastes changements dans la distribution actuelle des souverainetés territoriales.

Or, la continuation de la lutte devant avoir pour corollaire une puissante diversion sur la Moselle et le Rhin, nous eussions été forcés d'appuyer les efforts de MM. Kossuth et Klapka, de recourir à la propagande sur les bords de la Theiss, du Danube et de la Sprée, en Hongrie, puis en Allemagne, pour contrebalancer la coalition.

Si le lecteur a bien suivi ces déductions con-
cises, il avouera que la signature hâtive de la
paix était rigoureusement indispensable pour
arrêter l'essor de la révolution.

Par sa modération dans la victoire, par la
fermeté qu'il a montrée en se retirant oppor-
tunément de la lutte, l'Empereur a donc d'une
part, dissous la coalition, et de l'autre, ajourné
les projets de révolution religieuse et politique.

Je dis ajourné, et j'insiste, parce que le péril
n'est que temporairement écarté et qu'un
congrès des grandes puissances européennes
pourra seul, en consacrant le nouvel ordre de
choses en Italie, imposer un frein à l'esprit de
de désordre, et donner à l'ancien monde des
garanties de stabilité.

C'est ce qui ressortira avec clarté, je l'espère,
des considérations suivantes.

VIII.

Dans une adresse à M. de Cavour, démissionnaire, signée : *les Peuples de la Vénétie*, et datée du 14 juillet, surlendemain de la signature de la paix, on lit :

« Le feu des révolutions, toujours funeste, bien souvent stérile, couve en Italie et peut à chaque instant allumer un immense incendie. Si l'action des armes qui pouvait en empêcher l'explosion a cessé, il n'y a plus qu'un moyen d'en empêcher les sinistres conséquences : ce moyen, c'est que votre saine et juste parole défende et soutienne la cause de ce pays dans les discussions européennes qui décideront bientôt des destinées de l'Italie. »

Cette adresse des notables de Venise, de Padoue, de Vérone, de Trévise, de Rovigo et de Bellune, est à coup sûr, des plus instructives. Il ferait bien chaud dans toute l'Italie si le feu qui y couve ne devait être éteint que par des flots d'éloquence piémontaise.

On connaît de par le monde des moyens plus efficaces pour tempérer l'effervescence de quelques imaginations surexcitées. Si les Italiens voulaient absolument se perdre dans l'opinion européenne, ils pourraient sans doute y parvenir; mais en quoi on se trompe, c'est de supposer qu'il dépend d'eux de changer l'axe du monde politique; toutes les fois que les grandes puissances le voudront, les tentatives insurrectionnelles, les soulèvements démagogiques seront impossibles en Italie, tant il sera facile de les réprimer.

C'est donc uniquement dans le cas où l'Europe gouvernementale serait engagée dans un conflit acharné, que l'insubordination italienne offrirait aux autres peuples de détestables exemples.

L'Empereur Napoléon III, qui a beaucoup agi pour la cessation d'odieuses guerres civiles en France, a de bonne heure compris ce danger. Cela explique, avec d'autres motifs, la dernière campagne. Il eût voulu organiser l'Italie pour nous préserver, en la préservant elle-même d'un tremblement de terre; et, dans cette bonne intention, il est allé aussi loin que possible, sans déchaîner la coalition devant nous et la révolution sur nos côtés.

Sa mission d'ordre en Italie remplie autant qu'elle pouvait l'être, un grand devoir incombe à l'Europe, devoir de conservation et de prévoyance, comme je vais l'exposer succinctement.

IX.

Ainsi que l'Empereur l'a déclaré aux troupes, dans sa proclamation du 12 juillet, le but principal de la guerre est atteint ; l'Italie, grâce à la paix de Villafranca, va devenir une nation. Elle sera désormais maîtresse de son sort et « elle n'aura plus qu'à s'en prendre à elle-même si elle ne progresse pas régulièrement dans l'ordre et la liberté. »

L'expérience serait bientôt terminée si l'Europe se tenait à l'écart. L'Autriche persistant dans ses envahissements et ses vues ambitieuses ; Naples dans son arbitraire, le Piémont dans sa politique d'absorption, la Papauté dans ses traditions de gouvernement paternel, et le caractère italien brochant par dessus, oui vraiment, cela ne serait pas long.

Quels reproches les grandes puissances n'encourraient-elles pas, en s'abstenant ?

En 1821, elles se sont fait représenter au Congrès de Laybach contre les libertés constitutionnelles de Naples; en 1822, au Congrès de Vérone, contre les libertés constitutionnelles de l'Espagne. C'était la suite naturelle de la Sainte-Alliance des Rois contre les Peuples. Aujourd'hui que ce coupable concert est tombé en désuétude, elles sont tenues d'intervenir pour soustraire l'Italie aux éventualités qui l'entourent, pour résoudre de ce côté, des litiges qui impliquent le repos, la sécurité de l'Europe entière.

Non seulement elles sont tenues d'intervenir, mais elles sont obligées de réussir dans cette tâche ardue, afin d'annihiler des projets tendant à mettre encore une fois les trônes en péril, les familles en deuil.

Projets d'autant plus grands que le Concordat autrichien a effrayé; que la proclamation du dogme de l'Immaculée-Conception et différents autres actes ont fourni aux adversaires du catholicisme, des prétextes pour attaquer le Pouvoir temporel du Pape et pour l'englober dans l'inventaire des choses qu'une révolution générale attaquerait de front,

Évidemment, l'Europe marche à une situation nouvelle.

Sachons au moins ralentir ses pas, régler ses mouvements, atténuer les chocs et prévenir une catastrophe. Que les grandes puissances se concertent, non plus pour acccabler les nations, mais pour les aider à revivre. Qu'elles soient bien persuadées surtout, qu'au milieu des réseaux ferrés qui les sillonnent, avec l'imprimerie, la vapeur, la télégraphie et la chimie, leurs périls sont les mêmes : leur sort est indissolublement lié.

Sous des formes variées, l'esprit révolutionnaire est identique partout, il a le même but : à Paris et à Londres, à Milan et à Vienne, à Madrid et à Berlin, les trônes vacilleront chaque fois que la fange sanglante des guerres civiles charriera une révolution dans l'ancien monde. Les grandes puissances ont donc toutes, au même titre, un intérêt très pressant et très direct à organiser l'Italie, à empêcher qu'une conflagration n'éclate dans cette contrée tourmentée. Au nom de leur sécurité, qui est aussi la nôtre, je souhaite qu'il leur suffise de s'associer aux efforts du gouvernement français pour pacifier la péninsule ; en la dotant d'institutions libérales. *Ubi autem spiritus Domini, ibi libertas.*

X.

Le Congrès est donc une nécessité d'ordre européen : seul, il rendra la paix vraie, sincère, durable, d'incertaine et de précaire qu'elle était d'abord. Il n'a pas pour but de favoriser les vues particulières, les desseins secrets, les ambitions avérées ou patentes de telle ou telle puissance ; au contraire, il les entravera en les subordonnant de gré ou de force aux besoins réels de l'Italie, aux exigences de la tranquillité générale.

La cession de la Lombardie, l'étanchement du sang, la clôture de la guerre étaient affaires spéciales aux deux Empereurs, et au roi de Piémont, bénéficiaire. Mais le règlement des attributions essentielles du Saint-Siége intéresse de fort près la chrétienté tout entière. Congrès.

Le principe de la confédération a contre soi les traditions de 25 siècles ; son succès serait cependant très utile au repos du monde. Congrès.

Les Duchés sont profondément remués par leurs rancunes et par les partisans de la politique d'absorption piémontaise. Qui sera assez puissant pour leur donner des pouvoirs réguliers, libéraux et définitifs, autant qu'ils peuvent être réguliers, définitifs et libéraux, en Italie ? Le congrès.

La tolérance et la liberté en matière religieuse, la liberté modérée de la presse, le droit de tout homme libre de publier sa pensée, de discuter les affaires de son pays, sont aussi des principes sans lesquels la dignité des gouvernés est un mot. Qui pourra en doter l'Italie ? Le Congrès, rien que le Congrès.

XI.

Les intérêts permanents de la Société européenne ; sa sécurité, le soin de son avenir ; les exigences les plus immédiates de la civilisation moderne, placent donc les grandes puissances dans la nécessité d'intervenir, de régulariser le mouvement au delà des monts, d'organiser l'Italie sur les véritables principes de l'ordre, de la paix intérieure et de l'union.

L'acte du Congrès de Vienne de 1815, porte en védette : au nom de la très sainte et inviolable Trinité. Celui du Congrès de 1859 aura plus de titres à la protection de l'Être suprême, car il sanctionnera la justice du ciel au lieu de consacrer les iniquités de la force ; il donnera une valeur décisive à la raison, au lieu de codifier les hasards, les malheurs, les chances aveugles d'un jeu sanglant.

Les anciennes générations parlent de Navarin, où la mémoire d'Eschyle, de Démosthène, de Thucydide, de Xénophon, de Polybe, d'Homère, de Phidias, de Socrate, de Platon, de Périclès, et de tant d'autres illustres morts, guidait, avec le Christ, les ennemis du Turc, encore tout souillé du massacre de Scio.

Qu'est-ce que Navarin, auprès de Magenta et de Solferino?

Le Turc dégénéré, avili par le despotisme oriental, et par ses goûts dépravés, était facile à vaincre, et sans diminuer en rien cette victoire navale, on peut affirmer que l'affranchissement du Piémont et de la Lombardie en deux mois, nous vaut de plus beaux trophées. Il faut remonter plus haut pour trouver de meilleurs termes de comparaison : les plébéiens héroïques du *Vengeur* ont eu des émules d'audace, de courage, de discipline et de dévouement. Les nouvelles générations, qui ont montré dans les tranchées de l'antique Chersonnèse, une vertu inconnue à nos pères, la persévérance dans l'adversité, la patience pour tout souffrir et tout surmonter, viennent de recevoir un bien glorieux baptême. L'enlèvement, sans faire feu, à la baïonnette, de batteries chargées à mitraille (3e zouaves, colonel Chabron), peut entrer en parallèle avec la prise de la flotte hollandaise, par la cavalerie républicaine.

Peut-être devions-nous ces actes d'héroïsme, à l'Italie, car c'est chez elle, sous son ciel d'azur, que le soleil de la civilisation moderne s'est levé. L'Europe était encore couverte d'épaisses ténèbres, que l'aurore de la justice, la lumière et la liberté, émergeaient de l'Adriatique, apparaissaient à Venise.

Dans la poésie épique, dans le lyrisme, dans la poésie chevaleresque, dans les contes et les romans, dans la peinture, la statuaire et l'architecture; dans la politique et la philosophie de l'histoire, dans les découvertes géographiques, l'astronomie et les mathématiques, Dante, Pétrarque, le Tasse, l'Arioste, Boccace, Raphaël, Michel-Ange, Vico, Christophe Colomb, Galilée, ont les premiers ouvert de nouveaux horizons que les Descartes, les Montesquieu, les Voltaire, les Corneille, les Molière, les La Fontaine, les Laplace, les les J.-B. Gay, les Guizot, et tant d'autres génies, graves ou légers, moralistes ou gracieux, instructifs ou charmants, devaient plus tard élargir dans des proportions si vastes, pour la splendeur du nom français, pour l'honneur du genre humain. *Sic ingenia, studiaque oppresseris facilius quam revocaveris :* que de siècles et d'efforts pour rallumer le divin flambeau des études! C'est à Venise, à Florence, à Bologne, que l'on en a retrouvé les étincelles sacrées; et la Renaissance a commencé aux lieux mêmes que notre influence protége aujourd'hui.

Quel que soit le caractère des Italiens, l'Europe civilisée a donc contracté envers l'Italie une dette qu'il est temps d'acquitter. La France, par ses derniers faits d'armes, a payé très amplement sa quote-part, elle paiera encore pour d'autres, car elle est toujours assez riche pour solder sa gloire, argent comptant. Mais il est bien juste que les grandes puissances combinent leurs forces avec les nôtres, sinon pour liquider le passé, du moins pour exonérer l'avenir d'une lettre de change anarchique.

La sanction du Congrès ne sera pas seulement équitable; elle sera habile, car elle permettra à tous les amours-propres de se faire sans honte, des concessions mutuelles. La France, l'Autriche, la Papauté et le Piémont pourront réciproquement accepter des stipulations, régler des questions litigieuses d'une délicatesse excessive, et sur lesquelles il leur serait bien difficile, sinon impossible, de s'entendre ailleurs qu'au Congrès.

XII.

Et que l'on n'aille pas imaginer, n'importe où, que nous insistons pour un Congrès, et que l'opinion publique place en lui ses espérances de paix durable et vraie, par pusillanimité, par une faiblesse indigne. Nous aimons tous la paix d'un amour prêt à s'avouer la baïonnette au bout du fusil, et, s'il le fallait absolument, les nouvelles générations prouveraient que leur courage est à la hauteur de toutes les gloires de la première République, du Consulat et de l'Empire. L'Europe serait en feu avant que notre Patrie fût en danger.

Puisque nous avons dompté l'hydre, grands et puissants de la terre, Princes et Rois, aidez-nous à empêcher de renaître ses mille têtes. La gazelle, au rugissement du lion, se dérobe moins vite que ne fuiraient vos défenseurs, au réveil du monstre. Voyez : le voltigeur français descend des Alpes, rapide comme une avalanche, et le Suisse, honteux de son mé-

tier de mercenaire, jette ses armes, aban
donne son uniforme, préfère le pain noir de
son libre pays aux banquets de Castellamare.
Vos peuples guerriers estiment notre drapeau
tricolore, et ceux qui meurent sous ses plis.
Ne nous forcez pas à le leur montrer de trop
près, car ils y verraient écrite, en lettres de
feu, la formule de leur régénération, de leur
futur bien-être, de leur réelle indépendance,
et de la Sainte-Alliance des Nations.

XIII.

Nul, peut-être, n'est mieux placé que moi pour prier les libéraux étrangers d'y réfléchir, pour appeler sur ce point l'attention du dehors, car je suis, assurément, un homme d'ordre, un partisan de la paix, tout dévoué à la tranquillité générale et qui sait fièrement souffrir pour elle. C'est surtout au delà du détroit que je voudrais être écouté.

Si ma voix pouvait y être entendue, je dirais humblement au peuple que l'alliance franco-anglaise est la sauvegarde du repos universel et de la prospérité du monde, le palladium des libertés occidentales. J'ajouterais que les deux nations ont un égal intérêt à se supporter l'une l'autre, comme on se supporte dans un mariage d'inclination, après quarante-quatre ans de ménage. Évitons, dirais-je enfin, évitons les méprises, les froissements, les défiances injustes; appliquons-nous à bien vivre ensemble, à ne pas renouveler, au profit du cza-

risme slave, la tragédie insensée qu'Athènes et
Lacédémone ont autrefois jouée au bénéfice
de Philippe et d'Alexandre.

Ensemble, ces deux cités eussent toujours
empêché le Macédonien de renverser leurs
hiérons, de briser les statues de leurs grands
hommes, et d'insulter à leurs gloires. Divisées,
elles ont été asservies, ruinées à jamais, la civilisation a fui leur sol dévasté, flétri par la
présence de vainqueurs qui ne représentaient,
comme les Russes, aucun principe, aucune
idée, aucun progrès, rien que la force enva-
hissante, rien de plus que le triomphe du
bretteur.]

Et tout en utilisant la leçon de M. l'Arche-
vêque de Grenade à don Gil Blas de Santillane,
je rappellerais ici que la race anglo-saxonne
représente dans l'Univers la liberté politique,
et que c'est un principe assez beau pour mé-
riter de grands égards, voire des hommages ;
que la France pourrait gagner beaucoup dans
un commerce plus intime, plus étendu, dans
une entente plus complète avec la libérale

Angleterre. J'avancerais même, si l'on daignait me le permettre, que l'accroissement des échanges entre les deux pays pourrait être favorisé d'une manière avantageuse pour tout le monde ; et que la multiplicité des relations internationales, des rapports industriels, maintiendrait la paix entre la France et l'Angleterre, comme elle la maintient déjà entre John Bull, si souvent furieux, et frère Jonathan, aux allures de rustre.

Voilà, on en conviendra, de bien bonnes raisons pour que l'Angleterre et les autres puissances envoient au congrès leurs plus habiles plénipotentiaires, pour que la tranquillité de la péninsule italique et la sûreté de nos alliances soient mises à l'abri d'un tour de main mazzinien, de rancunes rétrospectives et de menées absorbantes.

Il est temps de clore ces pages rapides pour ne pas abuser de la patiente attention que le lecteur a bien voulu m'accorder jusqu'ici.

CONCLUSION.

J'ai établi que la paix de Villafranca a été dictée par une connaissance exacte de la situation de l'Europe, par un profond amour de la France. L'Empereur l'a signée afin d'épargner à notre pays les sacrifices gigantesques que la septième coalition et l'attitude excentrique des libéraux allemands, allaient nous imposer. Sa réputation militaire reste entière : Magenta atteste son courage personnel, Solferino, son aptitude au commandement en chef, et ces deux noms brillent mieux que le Régent à la poignée de son épée victorieuse.

La paix ajoute à sa réputation d'homme d'État, car il s'est arrêté juste à temps ; les cris tumultueux de nos soldats vainqueurs ne l'ont pas exalté, et lorsqu'il a vu que les dépenses d'hommes et d'argent allaient s'accroître hors de toute proportion avec les avantages qui en fussent résultés pour notre patrie, il a mis un terme au carnage. Si ce n'est pas là du civisme, il n'y a pas de vertu civique ; et l'art de se vaincre soi-même, vanté dans Scipion l'Africain, n'est pas une qualité du cœur, mais un vice.

J'ai ensuite démontré que l'Europe entière a un intérêt très direct à sanctionner la paix de Villafranca et de Zurich, à prendre sous sa responsabilité collective et toute puissante, le règlement des affaires générales de l'Italie, savoir :

L'amélioration du Pouvoir temporel du Pape ;

L'organisation de la Confédération italienne ;

La proclamation de la tolérance religieuse et de la liberté de la presse ;

La solution des problèmes soulevés par les ducs de Modène, de Toscane et de Parme, qui voudraient rentrer dans leurs vice-royautés auliques.

Modernes hiéromnènes, dans ce nouveau conseil des Amphictyons, les plénipotentiaires offriront un spectacle trop rare dans l'histoire : ils consacreront l'affranchissement de populations opprimées; ils donneront, à 211 ans de distance, un pendant au célèbre traité de Westphalie, qui a fait pour la liberté religieuse de l'Allemagne, ce que l'Europe est prête à accomplir pour l'indépendance politique de l'Italie.

FIN.

Paris. — Imprimerie FÉLIX MALTESTE et Cie,
Rue des Deux-Portes-Saint-Sauveur, 22.

OUVRAGES DU MÊME AUTEUR

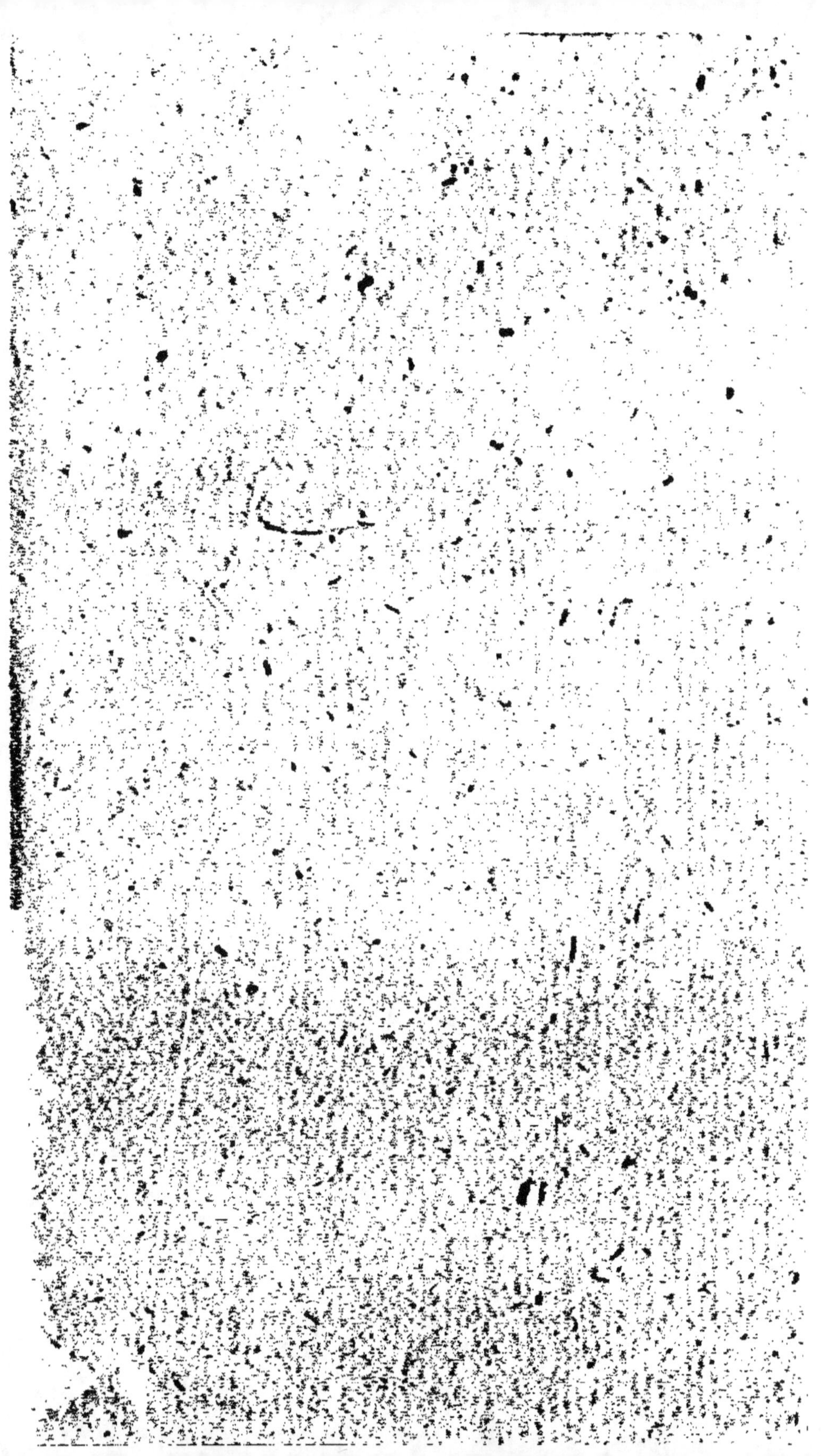